Manuel Alejandro - Jungle Scout

JUNGLE SCOUT REVIEW
Búsqueda de Productos
Guía Instructiva Paso a Paso

En busca de un nicho para tu producto

¡Hola! Bienvenido a mí guía de Jungle Scout y cómo empezar a analizar un **producto desde Cero**.

En este guía les contaré un poco como buscar un nicho y hacer la investigación del producto.

Vamos a estar usando un montón de herramientas, algunas gratis y algunas de pago, por lo que no te preocupes, hay para todos.

¿Por qué buscar productos que ya existen?

Manos a la obra

La forma ''manual''

La forma ''automática''

Utilizar la Web Appa de Jungle Scout

Extensión de Chrome de Jungle Scout

¡Eso es todo!

¡Qué queda entonces!

¡Sugerencias!

Si recuerdas el primer enunciado ya hemos establecido algunas de las métricas que usaremos para el proyecto.

Debe ser un producto liviano, que **venda sobre las 3000 unidades** mensuales entre todos los vendedores, debe **tener menos de 50 reviews**, etc.

Para este "how-to" voy a demostrar los pasos que he realizado para obtener un producto que sea viable en Amazon.com y pueda vender de acuerdo a lo que se espera.

Primero que todo, estoy tomando en cuenta una fórmula que fue creada por Scott Voelker en su blog, que habla que tu producto debe ser capaz de tener el siguiente cálculo: **1x10x10**. ¿Qué significa esto?

Pues 1 producto debe ser capaz de vender 10 unidades al día obteniendo 10 dólares de ganancia cada uno:

- 1 Producto
- 10 Unidades al día
- 10 dólares de ganancia

Esto es muy importante. Si bien, no es una ciencia exacta, y si vendes 5 productos al día con 10 dólares de ganancia o 10 productos al día con 5 dólares de ganancia, ¡tampoco está mal! Pero este es el tipo de producto que quieres buscar.

¿Por qué buscar productos que ya existen?

Fácil. Porque los productos que ya existen están "probados" que funcionan y venden. Es un gran error creer que tu producto es revolucionario y que venderá solo porque sí. Debes tener un mercado ya probado y que venda para entonces arriesgar un poco más.

Recuerdo cuando puse mi primer producto no hice ningún tipo de búsqueda o revisé si se vendían o no. Grave error. Me costó un par de meses terminar con un stock de apenas 50 unidades.

Sólo vendía alrededor de una o dos unidades al día, y eso que estaba vendiendo dentro de los 5 marketplaces de Amazon en Europa.

Entonces... ¿Cómo puedo encontrar productos que se estén vendiendo con los volúmenes que ya hemos hablado y con poca competencia? Bueno, tenemos dos formas, la fácil y la difícil.

En realidad, difícil no es, pero es de la forma "antigua", y te tomará algo de tiempo, sin embargo es la mejor fórmula cuando no tienes dinero, dado que la herramienta que usaré en esta especie de "tutorial" es de pago.

Manos a la obra

Como te comentaba, vamos a ver la forma "fácil" de hacer la investigación de tu producto. Sin embargo, para aquellos que no tengan los medios para comprar la herramienta que usaré, es posible hacerlo de forma manual, y les explicaré rápidamente como hacerlo.

La forma "manual"

OK, entonces, ¿cómo lo hacemos si queremos buscar manualmente el producto? Con mucha paciencia, pero aquí va:

Lo primero es ir a amazon.com y escoger una de las categorías. Tienes que tener en claro que algunas de ellas como **Belleza** por ejemplo, están restringidas, y a menos que tengas bastante facturación y documentos legales de importación de este tipo de productos, no se te permitirá vender en este tipo de categorías.
Para efectos de este ejemplo, vamos a utilizar la categoría de "**Home, Garden & Tools**" y luego vamos a "**Home & Kitchen**".

Esta es una de las categorías con más competencia, pero como demostración la idea es que podamos entender cómo funciona la búsqueda de productos.

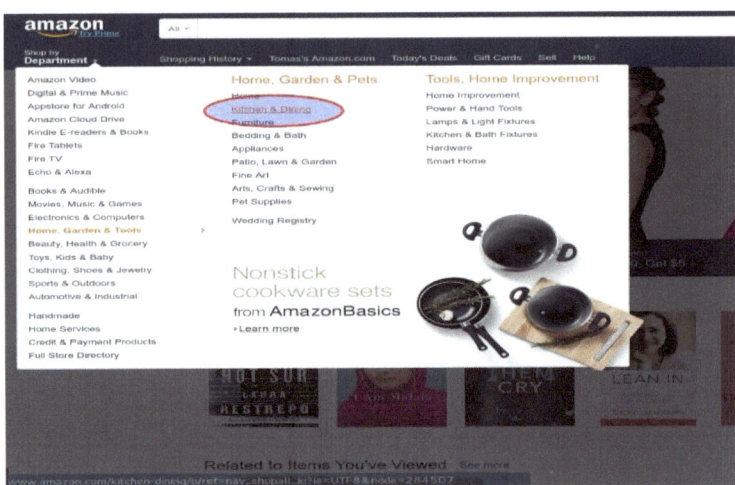

Una vez en la página, vamos a **"Best Sellers"**. Aquí podemos ver los productos que más se venden y comenzar a sacar algunas ideas de los productos que podemos importar.

Por ejemplo, me encontré con esta Tabla para cortar de madera Bamboo. Como podemos ver tiene un montón de reviews:

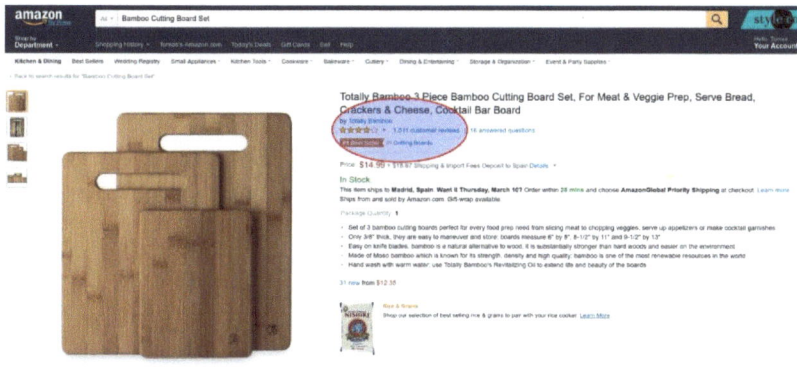

Sin embargo, lo que queremos ver es el **BSR** o el **"Best Sellers Rank"**. Este es un indicador de cuánto vende este producto en su categoría.

Al momento de crear este artículo, la tabla para cortar de bamboo tenía un BSR de 49 en Kitchen & Dining.

Dado que hay miles de productos y esta es una de las categorías más demandadas, debe estar vendiendo muchísimo. Pero... ¿cuánto es muchísimo?

Hasta hace algún tiempo no teníamos cómo saber a partir del BSR cuánto se vendía. Esto, hasta que a los chicos de <u>Jungle Scout</u> se les ocurrió cómo calcularlo.

Ya veremos cómo utilizar esta herramienta, dado que es de pago, sin embargo tiene un par de cosas gratis, como su "Estimator" que es básicamente una calculadora que te rice cuánto vende un producto X

a partir de su BSR en cada categoría (no todas las categorías son iguales o usan la misma vara para BSR).

Entonces, ya que tenemos el BSR del cortador de madera de bamboo, lo utilizaremos en el estimador de Jungle Scout.

Solamente debemos seleccionar la categoría a la que pertenece el BSR o el producto y nos mostrará las ventas estimadas:

¡Más de 5000 ventas mensuales! Ya me imagino cómo estarías tú vendiendo esa cantidad de tablas de cortar.

Sin embargo debes tener en cuenta que este es uno de los productos más vendidos en Amazon, por lo que es "normal" que tenga esta cantidad de ventas.

Ahora, como segunda derivada, lo que haremos es buscar este mismo producto en la barra de búsquedas de Amazon y ver cuántas tablas nos aparecen, su número de revisiones (opiniones o como quieras llamarlo) y sus BSR:

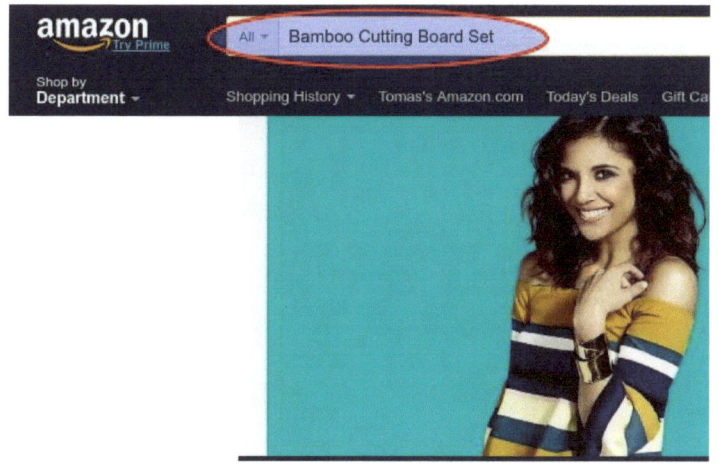

Luego de hacer esto podemos ver una lista de productos que encajan con nuestra búsqueda. Lo primero en lo que me fijo es la **cantidad de reviews** que tiene cada uno de ellos.

Recordemos que debe haber menos de 50 reviews (puede ser un poco más), sin embargo estas tablas de cortar se pasan bastante:

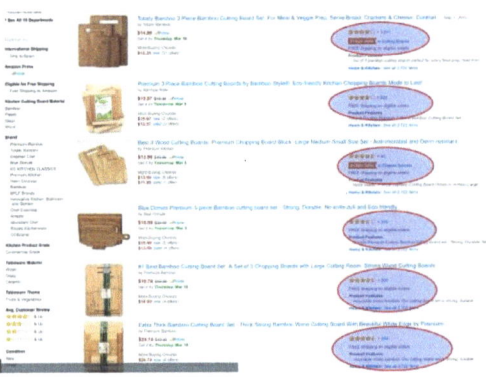

Claramente tenemos más reviews de los que queremos. Esto es un problema dado que tenemos demasiada competencia, y si queremos triunfar en esta plataforma, en un principio debemos comenzar con productos con demanda, pero que tengan pocos reviews como vimos.

Puedes ir revisando otros productos de la misma manera como mostré aquí. Ve a los más vendidos de cada categoría y saca ideas que puedas utilizar.

Luego haces una búsqueda general del producto y revisas sus reviews. Cuándo encuentres algún producto que te llame la atención, que no tenga muchos reviews, entonces entra en la páginas de los 5 primeros, saca su BSR, ingrésalos en el estimador de Jungle Scout y ve cuántas unidades venden al mes.

Si son más de 300 para las 5 primeras posiciones, con menos de 50-70 reviews, entonces encontraste un producto.

¿Dónde está el BSR? En la página del producto, podrás ver un poco más abajo de las imágenes y las descripciones, en el apartado **"Product Details"** algo como esto:

¿Porque pocos reviews?

Cuando comenzamos probablemente nuestro presupuesto sea limitado. No tenemos los medios para competir.

Sobre todo, como veremos más adelante, deberemos "regalar" productos para que otros usuarios puedan hacer revisiones a cambio de estos descuentos.

No te preocupes por entender todo esto ahora, pero lo que debe quedar claro es que no te puedes parar a competir con las grandes ligas cuando recién estás entrando.

La forma "automática"

Sí, hay una forma más fácil de hacer esto. Como comenté anteriormente la idea es obtener un producto que no sea tan competitivo.

Ya mostré la forma manual que si bien, funciona bastante bien, consume mucho tiempo, y no permite hacer un buen seguimiento de los BSR, que son muy importantes.

Gracias a Jungle Scout esto se hace bastante más fácil. Solamente debes ingresar el término de búsqueda y el resto te lo hace casi sólo. La herramienta tiene dos partes. Una es la **extensión para Chrome**, y la otra es la "**web app**" que le llaman. ¿Cuál es la diferencia entre ellas? Ya las veremos, pero básicamente lo que hace la web app es un seguimiento de los productos en términos de BSR y otros parámetros, y la extensión de chrome te permite saber rápidamente la cantidad de revisiones, cantidad de ventas de ese producto al mes, rankings, etc.

Utilizar la Web App de Jungle Scout

La forma más fácil de encontrar nuevos productos para vender en Amazon es a través del uso de la web app de Jungle Scout.

La aplicación web tiene un costo mensual de USD $39 lo cual para lo que hace no es nada cara, y te permite "seguir" hasta 40 productos.

Luego veremos para que sirve esto. Tiene 7 días de prueba por lo que si no la has usado, te recomiendo que lo hagas, no pierdes nada y cancelas el plan al día 6.

Luego de darnos de alta entonces, vamos a la sección "**Product Database**" y seleccionamos todas las categorías menos algunas que aparecen a continuación:

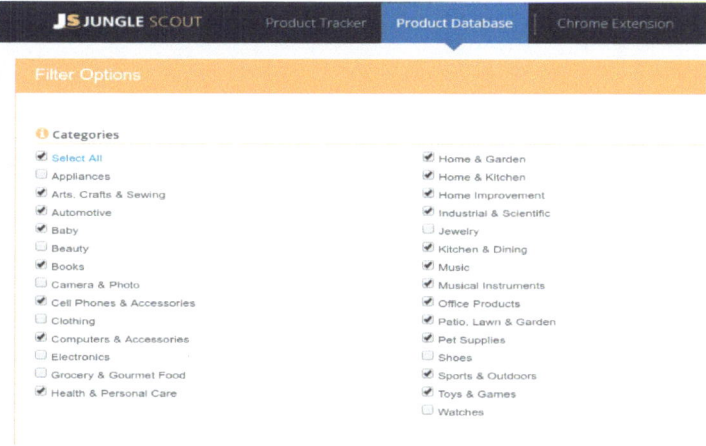

¿Por qué no seleccionamos algunas como **Shoes, Beauty o Watches**? Básicamente porque son categorías más complicadas y en el caso de belleza (Beauty) es una categoría restringida.

Como te comenté al principio, necesitarás bastante papeleo para abrirte paso y por ahora es más fácil concentrarse en otros nichos.

Una vez que seleccionamos las categorías, vamos a seleccionar nuestros filtros. Para ello utilizaremos nuestros criterios iniciales: 300 ventas al mes, menos de 50 reviews y un precio entre los 20 y los 50 dólares:

Price:	20	50
Net:	min	max
Rank:	min	max
Est. Sales:	300	max
Est. Rev:	min	max
Review:	min	50
Rating:	min	max
Weight:	min	max
No. Sellers:	min	max
Listing Quality:	min	max

Con estos filtros le damos a buscar, y nos aparecerá una lista, con imágenes y varios tipos de información relevante con respecto a nuestra búsqueda.

Si te das cuenta, aquí estamos usando los mismos criterios que en la forma manual pero sin tener que siquiera ingresar a Amazon.

¡Excelente! A mí me ha ahorrado horas y horas de búsqueda.

Entonces, los resultados de la búsqueda, que arrojó más de 2500 resultados, es la siguiente:

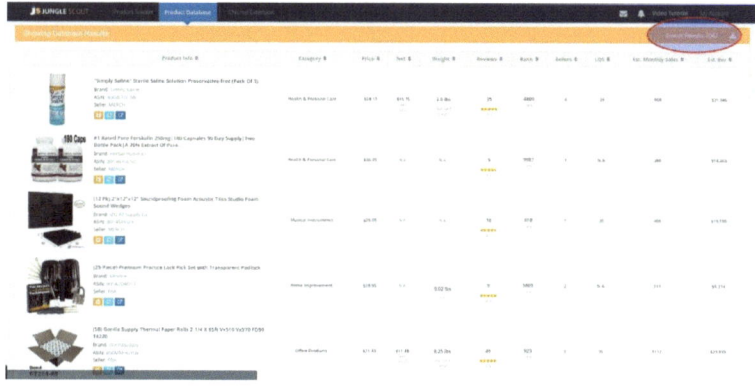

Lo que está seleccionado en la esquina superior derecha es la cantidad de resultados que obtuvimos. ¡Tienes más de 2500 ideas para utilizar a partir de la búsqueda!

Incluso puedes descargar el resultado con el ícono de descarga al lado de la cantidad de resultados.

Luego puedes ver las columnas como categoría, precio, neto (ganancia después de lo que cobra Amazon), peso, cantidad de reviews, LQS (listing quality o calidad de la publicación, ya hablaremos de eso) y lo más importante: **ventas mensuales y ganancias totales**.

Los pequeños íconos a la derecha de cada una de las imágenes te permiten agregar el producto al **Product Tracker**.

Lo que esta herramienta hace dentro de Jungle Scout es la de llevar una cuenta de lo que se vende diariamente.

Dado que los BSR pueden ser "manipulados" a veces al entregar por ejemplo cupones de descuento a cambio de reviews (lo que hace subir el BSR), puedes llevar un control más de cerca de cada producto:

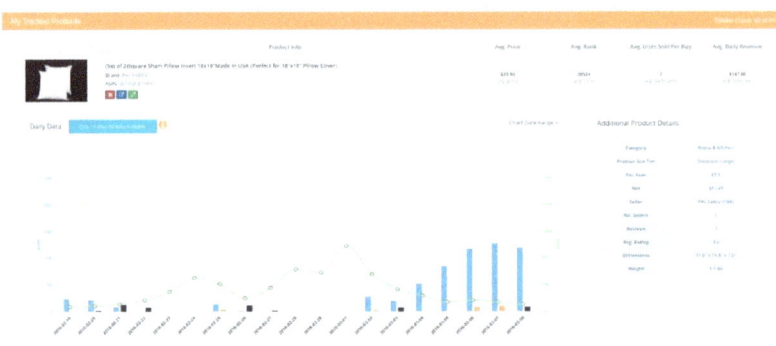

En la imagen puedes ver que este producto por ejemplo, en algún minuto se quedó sin stock (barras azules) y su BSR subió (es decir, vendió menos obviamente, con la línea verde).

Esta es una genial manera de obtener ideas para tus productos. Pero luego ¿Qué hago con estas ideas?

Pues aquí es donde entra la otra parte de la herramienta. La extensión de Chrome.

Extensión de Chrome de Jungle Scout

La extensión de Chrome de Jungle Scout es en mi opinión, de lo mejor que se ha inventado, incluso por sobre la Web App. Aunque si se utilizan las dos en conjunto, es una combinación que te hará la vida muchísimo más fácil.

Entonces, para seguir nuestro ejemplo, tenemos estas "Pillow Covers" (fundas para almohadas). Entonces, si quisiéramos ver la competencia para ellas, bastaría ir a Amazon.com y buscar "pillow covers" cómo a continuación:

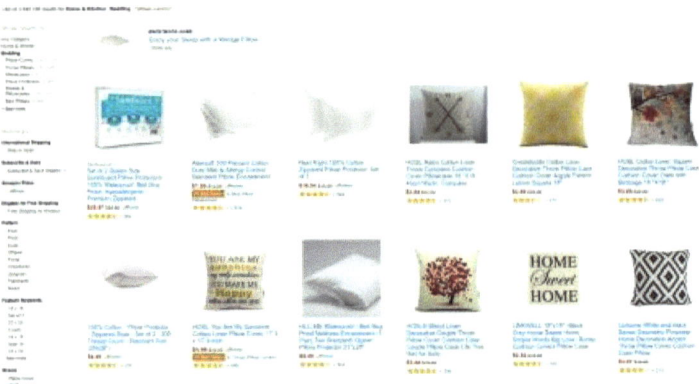

Sí, ya sé que por los reviews la cosa no pinta nada bien. No fue el mejor ejemplo, pero aquí es donde la extensión de Chrome de Jungle Scout brilla.

Si quisiera saber cuántos competidores tengo, cuánto venden, y cuántos reviews tienen cada uno, solamente necesito abrirlo y me da todos estos datos:

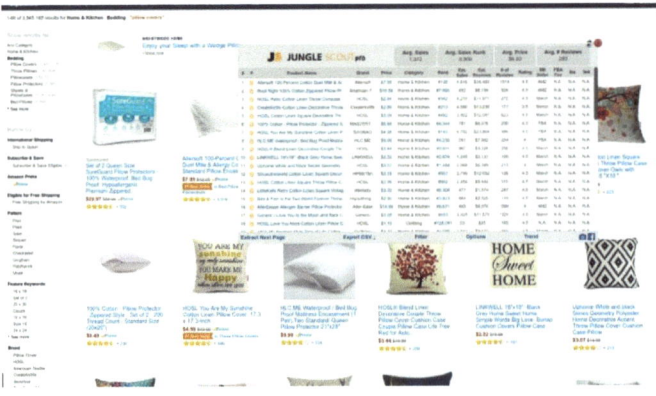

Cómo ves, me da toda la información que necesito. Lo que aparece como "N.A." es porque no he introducido mis API del Seller Central de Amazon USA.

Rápidamente puedo ver que se venden muchísimo más de 3000 unidades al mes entre los primeros 10 vendedores (300 por vendedor) por lo que es un nicho muy atractivo.

Sin embargo, también hay una gran cantidad de reviews, por lo que esto me hace pensar que no es lo mejor para comenzar.

También puedo filtrar por precio, cantidad de reviews, etc.

Eso es todo!

Si, es una gran cantidad de trabajo si lo haces manualmente. Pero si utilizas las herramientas de Jungle Scout, puedes encontrar una gran cantidad de nichos donde vender en un par de horas.

Esto es algo que sin ellas te llevaría días, sin contar lo difícil que es llevar un seguimiento de forma manual de los BSR.

¿Qué queda entonces?

¡Pues encontrar el nicho! Recuerda, el encontrar el nicho correcto donde vender se convertirá en un 80% de tu éxito. No solamente es importante para vender, sino que para no perder dinero obviamente en algo que no venderás.

No escatimes en tiempo en buscar el nicho correcto, pero tampoco te pases meses en ello. ¡Tienes que actuar!

Este fue una pequena pero importante guía que te servirá muchísimo para empezar a analizar productos desde la herramienta de Jungle Scout. Sin embargo este es sólo un paso para empezar a enviar tus productos en Amazon y generar ventas.

Te invito a darle un vistazo de mis otras guías que te pueden servir de mucha utilidad. Dónde cómo siempre, tienen gráficos reales para guiarte de la mejor manera.

Manual Instructivo de Amazon FBA/7Pasos para empezar tu negocio

Ingresa al mundo del gran mercado de FBA.

Link ebook versión digital:

https://www.amazon.com/dp/B074HFX28H

Link versión impresa:

https://www.amazon.com/Amazon-FBA-Instructiva-iniciar-negocio/dp/197413993X/ref=sr_1_cc_1?s=aps&ie=UTF8&qid=1507730727&sr=1-1-catcorr&keywords=Amazon+FBA+-+Guia+Instructiva

Manual Instructivo Merch by Amazon

Si alguna vez ha querido iniciar un negocio de camisetas o hacer algo de dinero fuera de sus habilidades de diseño, entonces este libro es para usted.

Link ebook versión digital:

https://www.amazon.com/dp/B072T1FCBX

www.ingramcontent.com/pod-product-compliance
Lightning Source LLC
Chambersburg PA
CBHW041944240526
45473CB00033B/514